JN439945

바람과 파도의 거실

바람과
파도의 거실

박상진 제3시집

세종출판사

●●● 시인의 말

상처 아물면 흉터 남고 길을 걸으면 자국 남듯이 지나간 세월이 별거 아닌 것 같아도 누군가는 보석보다 소중합니다

몸은 비록 땅 딛고 있어도 마음이 갯바위 서성이는 것은 태생적 영향이겠지요

낚싯대 통해 세상을 보고 시를 낚고 온전한 나를 찾습니다

찾은 것이 동굴 속 암흑이라도 나만의 소중한 흔적입니다

차 례

1부 봄바람 불어오면

가을의 문턱 ······ 13
알고 싶어요 ······ 14
강아지풀 ······ 16
어물전에서 ······ 18
하늘에 묻는다 ······ 20
옥수수 ······ 22
구멍 난 가마솥 ······ 24
시계바늘 ······ 25
낚시꾼의 거실 ······ 26
잊혀지는 말들 ······ 28
대숲에 이는 바람 ······ 30
낙동강하구에서 ······ 32
인공지능 알파고 ······ 34
야구장에서 ······ 36
단체 카톡방 ······ 38
가을의 길목 ······ 39
연도교 밑에서 ······ 40
개발길 ······ 42
봄바람 불어오면 ······ 44

2부 밀가루포대

지게와 바지게 …… 49
바람의 노래 …… 50
편견偏見의 늪 …… 52
주전자 …… 53
여름 그 자리 …… 54
군담 …… 55
미련 …… 56
숲속의 아침 …… 57
은행잎 …… 58
코골이 …… 59
라면스프 …… 60
낙서 …… 62
대나무 …… 63
한라산 …… 64
그리운 풍경 …… 66
낚시의 정석定石 …… 68
수양버들 …… 70
어쩌면 …… 71
빨래터의 변천 …… 72
밀가루포대 …… 74

3부 도로 아미타불

창가에서 ······ 79
김장하던 날 ······ 80
가마솥의 비애 ······ 82
함박꽃 ······ 84
엔젤호의 뒤안길 ······ 85
바람 속에서 ······ 86
낚시꾼 ······ 88
기울어진 들판 ······ 90
이젠 벗자 ······ 92
동반자 ······ 94
언젠가는 그대도 ······ 95
가고잡이 ······ 96
엉성한 계획 ······ 97
위험한 외출 ······ 98
씁쓸한 현실 ······ 100
찻집에서 ······ 102
살다보니 ······ 103
항해 ······ 104
보리흉년 ······ 106
도로 아미타불 ······ 108

4부 용머리 가는 길

바다 3 - 물거품 113
바다 1 - 파도 114
바다 24 - 가고 싶은 길 115
바다 30 - 모자섬 116
바다 34 - 큰엉 118
바다 31 - 대섬 120
낚시 58 - 밤비 121
낚시 61 - 등댓불 122
낚시 52 - 울고 선 소나무 123
낚시 98 - 케미라이트 124
낚시 62 - 낚싯대의 눈물 125
낚시, 63 - 봄바람 127
낚시 78 - 소리도 등대 밑 128
낚시 5 - 세쌍여에서 130
낚시 90 - 징크스 132
낚시 99 - 밑줄의 한숨 134
낚시 100 - 도래의 운명 136
낚시 105 - 갯바위서 길을 찾다 137
낚시 102 - 볼락의 수난 138
낚시 70 - 용머리 가는 길 140

1부

봄바람 불어오면

가을의 문턱

억새꽃 손짓하는 길모퉁이
어느새 접어드는 사랑도

쏟아지는 달빛에
무리지은 소풀꽃* 더없이 환한데
이슬 재촉하는 귀뚜라미소리
서늘한 기운이 대답하는 밤

텃밭 귀퉁이 갓 심은 배추
발돋움 겨워 혓바닥 내밀고
평상에 널브러진 빠알간 고추
밤이슬 두려워 비닐천막 덮는데

마른땀 훔치던 외발로 선 허수아비
깻단 떠난 빈 밭 고요한 달빛 속
바람길 숭숭 뚫린 빛바랜 옷깃 여민다

*소풀꽃; 부추꽃.

알고 싶어요

고작 탱자나무 이파리
먹고 자란 호랑나비는
보란 듯이
애정의 갈망에 몸부림치는 자
신방 차려주고

누구는 만물에게 자비를
누구는 내 몸처럼 아끼라는데
비누 몇 장 나올 이 몸은
소중한 남의 목숨 당연한 듯
수십 년 먹어도 되는 겁니까

욕심 없이 한자리 서 있는
나무는 죽어 목재 남기는데
세상을 누릴 만큼 누린 호강에
철없이 우쭐댄
나는 무얼 남겨야 합니까

힘차게 솟은 해 서산 넘어 갈 때
세상 바꾸고도 아쉬워
마지막 남은 힘
노을 붉게 물들이는데
물살에 흘러가는 나뭇잎 하나
가야 할 참된 길은 무엇입니까

강아지풀

깡마른 담벼락 밑
이슬 말리는 강아지풀
하루의 무게에
휘청거리는 나의 발길 부른다

손끝의 만남으로
가슴에 전해오는 그 시절
동무의 목덜미에
솜털보다 부드러운 꽃술 문지를 때
화들짝 피었던 웃음은
이슬보다 깨끗했었지

꽃대로 쏙* 구멍 간지럽히면
참다못해
쩍 벌린 집게발로 사래 치던
그 쏙은 거울보다 솔직했었다

벌판이 아니면 어때
누군가의 벗이 될 수 있다면
그것도 괜찮은 삶이려니

*쏙; 갯가재의 통영 방언.

어물전에서

물만 뿌리면
생선이 다 생선인가
시커먼 내장
자글자글한 살결
자신이
몇 푼짜린지도 모르면서

검으면 검은 대로 흥정해야
밥상에 오르지
생선이라 우기기만 하면
닳고 닳은 쌈지가 거들떠보나

햇살 밝은데
눈 감으면 모를까
널브러진 똑똑한 바보
지나치는 장바구니가 흘겨보네

머리 굴릴 필요 있나
세상 이치 뻔한데
속 차고 맛있으면 백화점이 대수일까
돌아서는 발길 입맛 참 쓰다

하늘에 묻는다

잎은 벌레 먹고
뒤틀린 줄기마다 옹이만 남아
시들어 가는데

비바람 부는 벌판 헤매며
애간장 녹도록 담금질 당할 때
보석 될 줄 믿었고

무섭도록 조이는 고통 견디며
하루하루 보낼 때 삼킨 눈물은
활짝 필 꽃 밑거름 될 줄 알았지

고개 들어 그대 볼 때마다
해 보고 별만 보며 가라기에
곁눈질 할까봐 스스로 담 쌓고 걸었지만
가도 가도 메마른 텅 빈 들판

감히 묻노니 아직도 지켜보는가
그대가 작정한 것이고 또한 존재한다면

많은 걸 바라기나 하드냐
적어도 찔레꽃 한 송이는
피게 할 때 아닌가

옥수수

신아당으로 목욕하고
사카린으로 치장한 것들은
겉 다르고 속 달라
바지게로 준다한들
맨얼굴의 한 묶음 흑찰*만 하리

늘씬하고 먹음직하면 뭣해
작달막한 몸매 그대로
햇볕 가득 품은
까만 젖니가 고향의 그 맛

씹을수록 쫀득한 단맛은
소두방* 여시던 어머니 품
강냉잇대* 나눠 씹던
보고 싶은 친구 얼굴

내 입맛에
점 하나 찍는 것이 진심이라면
의미 없는 단맛부터 들이민

뻔뻔함 보다
사귈수록 단맛 나는 흑찰이기를

*흑찰; 옥수수의 한 종류.

*소두방; 솥뚜껑.

*강냉잇대; 옥수숫대.

구멍 난 가마솥

무쇠솥 반들거림은
아궁이에 첫 불 지피던 그때부터
부엌천장 그을음 두께만큼
곰삭은 마음인데
난데없는 솥 밑 물줄기에 꺼져가는 불씨
육칠십년 달구었으니 탈 날 때도 됐지

보리흉년에 헛불 지피던 심정같이
패이고 녹 쓴 밑바닥
장작불에 콩 볶고 밀 볶거나
구수한 누룽지는 아예 걸렀고
바가지질도 조심조심

타오르는 불길에 몸 상하는 줄 모르고
뜨겁게 살아온 숱한 나날처럼
덧바른 알루미늄테이프로 버텨보지만
세월을 어쩌겠는가
식구들의 기억 저편으로 사라져도
모진 풍파 더불어 이겨낸
정든 부뚜막은 잊지 않겠지

시계바늘

시침의 속도는
동자童子가 아장아장
걸음마 배우는 세월

분침은 불혹不惑이
오로지
앞만 보고 가는 세월

초침의 속도는
고희古稀가 세월에 속절없이
이마를 세차게 얻어맞는 것

낚시꾼의 거실

바다도 숨 쉬고
갯바위도 숨을 쉬더라
백년도 못살 것을
가슴에 스스로 못 박을 수 있나

태어났으니 세상은 내 것이고
나 또한 그대 것인데
내 생각만으로
티끌 잡고 아웅다웅
차라리 수평선을 바라보자

갈 길 창창한 달도 별도
숨 쉬는데
오늘 못 낚으면 내일 낚고
답답할 땐
노랫가락 한 소절 흥얼흥얼

물속 시비꺼리 한 둘이던가
잠깐이면 끝날 인생

따지기엔 아까운 시간
그러려니 살아보자
답을 찾으려니 끝이 없더라

잊혀지는 말들

부우* 샐 때
문 여는 소리에 눈꺼풀 부비고
지게 지고 소꼬빼이* 앞세워
이슬 내린 산길 흠뻑 젖은 중우가랭이*
미끌거리는 고무신과 오른 산비탈
눈인사하던 두미도, 욕지도
뿌연 투우*속 보이지 않고
소 혓바닥 낫질소리에
손아귀 낫도 풋나무* 베느라 바빠진다

소꼬빼이 껄티*에 묶고
어제 베어 말려둔 풋나무 지고 산을 내려오면
중우가랑이는 말랐으나 등줄기의 흥건한 땀방울
목감으러* 갱문* 내려가면
둥저리*만 한 해포리* 니살*에 밀려와
쏘이면 큰일 난다는 말은 들은지라
겁먹은 꼬챙이로 푹 찌르며 뒷걸음치던
그런 날도 아련히 잊혀지더라
길고 짧음의 차이지

모든 것이 어젠가는 사그라지는 것
변해가는 내 모습처럼 옛말인들 그대로일수야

*부우; 동틀 때, *소꼬뻬이; 소고삐
*껄티; 나무그루터기, *중우가랭이; 바짓가랑이
*투우; 미세먼지, *풋나무; 푸른 잎 달린 나무
*목감다; 해수욕, *갱문; 바닷가
*둥저리; 대로 엮은 큰 광주리
*해포리; 해파리, *니살; 파도

대숲에 이는 바람

낚싯대에 이끌려 철없이 들어가
대밭집 조모이* 호통에 냅다 달아났던
그때 같은 어둑한 대숲
즐비한 대나무 하늘 가린 댓잎에
때도 모르고 노닥거리는 갈바람소리

야위고 속 빈 멀대같지만
깊은 바다 속 비밀스런
조기나 민어의 속삭임도 들은 귀라
밤을 새워도 못다 할 잡다한 세상사

장어나 낙지 살리던 이끼수
멧돼지 잡던 죽창부터 빨랫대에 포구총*
연살*과 그물 깁는 바늘대까지
댓잎마다 풀어놓는 수많은 사연에
흠뻑 빠져 맞장구치는 갈바람

식기 전에 저녁 먹어라
수건 두른 비녀머리 돌담장 넘보며

몇 번이나 부를 때까지
친구들과 타작마당*에서 놀던 때처럼
해지는 줄 모르고 재잘대는 댓잎

*조모이; 할머니.

*포구총; 팽나무열매를 장전하여 쏘는 대나무총.

*연살; 연의 뼈대.

*타작마당; 보리나 벼 탈곡하는 공용 마당.

낙동강하구에서

미쳐 날뛰던
빗줄기와 야합野合 독기품은 냇물
산모퉁이 종아리 물어뜯고
방축의 뒤꿈치
사정없이 할퀴고 긁어대더니
덧 난 상처의 누런 고름 같은 강물

아직도 분*을 삭이지 못했는지
넘칠 듯 퉁퉁 부르터진 물길은
거슬리면 모조리 밀어버릴 기세
뿌리째 뽑은 검불 휘감으며
바다로 떨어질 천 길 낭떠러지
코앞인줄 모르고 도도하게 흐른다

어디가 바다고 강인지 알 수 없는
명命이 곧 끝나버릴 이 순간도
담담히 내딛는 저 용기
안타깝게 바라보는 저녁노을

불러도 대답 없이 바다로 들어서는
흙탕물의 옷깃만 넌지시 붙잡는다

*분; 화.

인공지능 알파고

인간이 기계를 낳고
기계가 기계를 낳더니
그 기계가
인간을 돌볼 때까지는
그래도 기계였다

기계가
직관과 생각을 맛보려고
인간을 바둑판에 끌어들여
벌인 싸움판의 소용돌이에
집이 부서질 때마다
수 억겁의 술수로
스스로 배우고 터득하며
이 땅에 깃발 꽂으려 하는구나

기계가
많고 많은 수 중에
한 수라도 잘 못 풀어
만약에 삼강오륜을 놓친다면

인간은 밥그릇도 빼앗기고
밥풀떼기 쫒아 허둥대다
정체성도 존엄성도 사라져
허수아비처럼
껍질만 남을까 두렵다

야구장에서

앞날 창창히 살리라
시작 장대했지만
한 타석에도 아슬아슬한
위기 있고 기회 있는데
한 생애는 오죽하랴

한 회씩 더할수록
아쉬움 늘고 앞길 막막한데
벌써 경기는 6회
지칠 땐
손바닥 펴자고 되뇌어 보지만
사방 늘어놓은
쥐려고만 하던 습관들
주워 담을 수도
되돌릴 수도 없네

반전의 기회 덧없고
안타 칠 날 요원한데
짙은 안개 드리운

이 언덕 넘어가면
앞산 큰집 논두렁 위에 피던
함박꽃같이 웃을 날 있을까

단체 카톡방

달콤한 꽃노래도 한두 번이지
별의별 길을
남들보고 걸으라며
일말의 주저 없이 퍼 나르네

발밑 살피며
똑바로 걷겠다고 다짐해도
겉 다르고 속 다른
일그러진 발자국 선명하던데
걸어나 보고 하는 말인지

시도 때도 없이
가슴에 돌덩이 안기는
해묵은 밤톨 같은
길이란 길들이 영혼 없이 떠도네
카톡

가을의 길목

거품 내뿜던
가마솥의 김보다 더운 바람
밤낮 없이 놀다 간 자리
햇살보다 따갑게 쏟아지던
매미소리 머물던 곳
제 길 찾아 구르던 은행의
잔망진* 발길에 베인 구린내
어느새 가을인가

저녁노을 머물다 떠난
창을 연 스산한 기운
부채질 밀치고 들어앉힌
손끝에 닿을 듯 한 상현달
살바람에 이슥토록 닦인 별빛에
귀뚜라미 사랑노래 가득한 밤
마음 한 자락 접힌 여기
어느새 가을인가

*잔망진; 맹랑하고 경망스런.

연도교 밑에서

늦여름 바닥 열기
땀샘으로 절여드는 밤
철썩이는 파도
귀뚜리* 답하는 바닷가

가면 다시 올 것을
뭐가 그리 급한지
잠도 없이
달음치는* 물결소리

여태 하던 일이니
내 알바 아니지만
꿀맛 같은 내 잠은
두고 가야지

너의 발소리에 귀 가고
귀 따라나선 눈꺼풀
정신만 말똥말똥

아서라,
밝은 날 먼 길 갈 차는
누가 몬다 하드냐

*귀뚜리; 귀뚜라미.
*달음치는; 달음박질

개발길*

작은엉치*로 동생과 낚시 갈 때 작심하고 갔다 돌아오는 길에 미리 준비한 거두*와 낫으로 수십 년 동안 방치됐던 개발길을 손질했다 태풍에 넘어진 낭구*와 뒤엉킨 넝쿨 밑에 옛 길은 흔적만 남아있었다 제 세상인양 막무가내 자란 팔뚝만한 낭구들을 자르고 치우며 아쉬운 대로 다닐만하게 길을 내었다 평소 안하던 상닐*이라 힘들어 돌팍*에 앉아 쉬는데 옛일들이 새록새록 피어올랐다 갯비릉*에 지천으로 붙은 하합자*를 동네에서 단체로 지켰다 그 시절 음력 2월 영등시*가 되면 집집마다 한 사람씩 중무장하고 각자 재주껏 하합자 땄다 젖은 몸은 말할 것도 없고 물이 줄줄 흐르는 하합자를 둥저리*나 바지게로 이고지고 이 길을 다녔다 영등시는 하합자 산란철 앞이라 일 년 중 가장 하합자가 여문* 시기고 죽은* 시기에는 상품성 떨어져 따지 않았다 동네 아낙들이 물 나면* 삼삼오오 개발하려 다녔다 학교 갔다 오면 일 하라는 큰아부지* 말씀 귓등으로 듣고 나는 줄 곳 낚시 다녔다 할바시* 따라 문애* 낚으려고 많이 다닌 길이다 늦가을 빼떼기* 말릴 때는 집에서 5리나 되는 작은엉치까지 무거운 생빼떼기 지고 와서 비릉*에 널어 말렸다 밤에 비라도 오면 초롱불* 들고 밤중에도 빼떼기 걷고 널고 했지만 식구들 양식이라 힘든 줄 몰랐다 까딱 잘못하면 곰패이* 피고 썩기 때문이다 지금 생각하면 우찌* 살았지 싶으면서도 나름대로 낭만도 있었고 동민들 간에 끈끈한 정도 있었다 이웃집 가는 것도 눈치 보는 요즘 세상인데 은개* 앞바다엔 그때나 지금이나 햇살 가득 반짝거린다

*개발길; 해산물 채취하려 다니는 길. *작은엉치; 사량도의 지명.
*거두; 톱. *낭구; 나무. *상닐; 천박하고 힘든 일. *돌팍; 큰 돌.
*갯비릉; 갯바위. *하합자; 홍합. *영등시; 조수 간만의 차가 큰 시기.
*둥저리; 대나무로 만든 큰 바구니. *여문; 속이 꽉 찬.
*죽은; 속이 덜 찬. *나면; 빠지면. *큰아부지; 큰아버지.
*할바시; 할아버지. *문애; 문어. *빼떼기; 썰어서 말린 고구마.
*비릉; 바위. *초롱불; 휴대용 등잔불. *곰패이; 곰팡이.
*우찌; 어떻게. *은개; 사량도의 마을 이름.

봄바람 불어오면

고랑창* 얼음 풀리는 이때쯤이면 그 시절 사량도엔 빼떼기*나 고메*도 달랑달랑* 먹을 것 귀했다 평소 쌀 씻기 전에 부뚜막 한켠* 단지*에 조금씩 받쳤던 조왕신*의 쌀을 넘볼 수밖에 없었다 식구 많고 적은 양석*에 배 채우는데 시금치 같은 풋남생이* 한몫했다 봄을 대표하는 3대 나물이라면 쑥이나 달롱개* 냉이를 꼽을 수 있으나 사량도엔 냉이 짬게* 알아주지 않았다 삼동*에 얼어서 퍼질렀던 마늘잎 힘줄 뻗치면 푸른 보리밭과 밀밭의 이랑사이 널린 장구쟁이*와 밭두름* 검불 속 노락쟁이*나 달롱개 즐겨 먹었다 노락쟁이는 데쳐서 물에 담가 쓴맛 우려내었다 쑥은 국이나 쑥버무리로 먹었다 니살*에 떠밀려온 참몰* 주워 짝수발이*나 장나무*에 걸쳐 말리거나 데쳐 반찬 했다 산에 나무하려가면 더러 준밥* 뽑아 먹었다 참꽃* 피기 전까지 소는 볏짚이나 보릿대 또는 말린 고메넝쿨* 먹였다 초밭* 있는 집은 추석 무렵에 베어 말려둔 초도 먹였다 바람 심한 날은 산에서 초를 지고 오다 밀쳐지고 처박혔다 집에 오면 잎이 다 떨어져 소가 먹지도 못하는 깡탱이*만 지고 온 경우도 있었다 보릿대 지고 노다리* 건너오다 바람에 날려 고랑창에 떨어지기도 했다 다행히 보릿대 위에 떨어져 다치지는 않았다 큰어머이*로부터 바람 부는데 어른이 가지 애를 보릿대 지로 보냈다고 큰아부지*만 잔소리 들었다 까마득한 옛일이지만 참꽃이 앞산 붉게 물들이던 그때가 그리워지는 것은 먹을 만큼 먹은 나이 탓일까 몰라보게 변한 세상 탓일까

*고랑창; 개울, *빼떼기; 썰어서 말린 고구마. *고메; 고구마.
*달랑달랑; 떨어질듯 말듯. *한컨; 한쪽. *단지; 항아리.
*조왕신; 부엌을 관장하는 신. *양석; 양식. 풋남생이; 채소류.
*달롱게; 달래. *짭게; 특별히. *삼동; 겨울. *장구쟁이; 광대나물.
*밭두름; 밭두렁. *노락쟁이; 산 괴불나물. *니살; 파도.
*참몰; 먹는 모자반.
*짝수발이; 널기 위해 위쪽 가지가 여럿인 나무를 높게 세운 것.
*장나무; 긴 나무장대. *준밥; 춘란의 꽃대. *참꽃; 진달래.
*고메넝쿨; 고구마덩굴. *초밭; 소 먹이용 풀밭. *깡탱이; 줄거리.
*노다리; 통나무다리. *큰어머이; 큰어머니. *큰아부지; 큰아버지.

2부

밀가루포대

지게와 바지게

지게 걸머지거나 바지게* 져도
가쁜 숨에 허리 굽는 것은 마찬가지
지게는 혼자만의 짐을
바지게는 가장家長이란 짐을 지는 것

지겟가지에 바지이* 올린 순간부터
지겟등태 다 닳도록
의지할 것은 지겟다리와 지겟작대기뿐
누구도 대신 질 수 없는 짐

바람만 불어도 눈물 고이는
석양에 서성이는 진이 빠진 바지게
어깨 짓누르는 바지이 군소리
들어도 못 들은 척
숨 찬 황토비탈 터벅터벅 넘는다

*바지게; 바지이를 얹은 지게.

*바지이; 싸리나무로 엮은 반달형 지게용 발채.

바람의 노래

어릴 적부터 불던 바람
지금도 여전한 고향마을
한집건너 키우던
세경* 없는 상머슴* 따라
나락논과 둠벙* 떠난 자리엔
잡초만 무성한데

지겟다리 누비던 민둥산 짙게 우거져
말라버린 도랑물 개똥벌레도 떠나고
누렁이* 거닐던 초밭*자리
칡넝쿨의 욕심만 뒤엉켜 아우성인데

나무들 키만큼 산은 높아지고
높은 산만큼 좁아진 하늘길로
찾아든 사람들의 새 둥지엔
서먹한 기운 감돌아도

아늑하고 한적한 여기
까마귀울음 대신

앞 뒷산 짱짱 울리는 꼬마들
신나는 노랫소리 넋 놓고 들어봤으면

*세경; 품삯의 통영지방 방언.
*상머슴; 소. *둠벙; 논에 물 공급을 위한 큰 웅덩이.
*누렁이; 소. *초밭; 소 먹이용 풀밭.

편견偏見의 늪

찬물에는 말아 먹으면서
따끈한 믹스커피에 밥 말아 먹으라면
고개부터 절레절레 젓는 기울어진 세상
물과 한꺼번에 넣고 끓인 라면
먹어보지도 않고
맛없이 잘못 끓였다 할 수 있나

질펀하게 널린 것 중에
술 먹고 운전하면 덧셈
술 취해 죽도록 때린 값은 뺄셈하는
아리송한 잣대는 누굴 위한 놀이판인지

하나뿐인 입과 코는
여분 없어 그렇다 쳐도
윗자리의 둘씩인 눈과 귀는 장식품인가
적어도 하나만큼은
똑바로 보고 살펴 들어야지

주전자

먼발치서 다가올 때나
눈빛 마주칠 때
아무렇지도 않은 듯
먼 산 보고 있지만
혹시나
손 내밀어 줄지 설레는 마음

펄펄 끓는 그대 향한 노래
허공에 흩어져도
다가와 덥석 잡아준다면
그대 가슴
싸늘히 식은 잔 일지라도
온 몸으로 따뜻이 채워드리리

여름 그 자리

숨 막힌 끈적거림도
그만하고 말 것을
백 년을 살 것 같던 그대

억새꽃 손짓에 떠나고
갈바람에 먼 산 다가서
귀뚜라미 사랑 노래 가득한데

서성이는 기억 저편
그대 떠난 여기
허전한 밤바람에 옷깃 여민다

군담*

뛰자 뛰자 하면서
발 묶어 놓고
마당 쓸고 도랑 치며
거기서 거기인
꿈만 꾸지
벽보고 앉아
손끝도 까딱 안하니
오늘 같은 내일뿐

자고나면 줄기차게
오늘로 오는 내일
손가락 사이로
다 빠져가기 전에
싸리 엮어 담 치고 꽃씨도 뿌려
향기로운 땀내 나면

행여 담 밖이
치자꽃 향기 같은 그날일지
신발 끈 동여매고
첫새벽 대문 열어야지

*군담; 쓸모없는 혼잣말.

미련

벌써 잊었고
잊겠노라 몸부림치던
그때가 언젠데

보내려고 타이를 적엔
이유마다 타당했었고
건넨 말마디마다
얼마나 옳은 말이었던지
말 하던 내 귀가
의심스러웠는데

그때 그 속마음
여태껏 보내지도 못했던가
지금도
구름 간에 달 보듯
떠오르는 그대

숲속의 아침

축축한 숲속
무거운 집 짊어진 달팽이
묵묵히 기어가고
개미들 바삐 가는 이 길
아침 햇살
나무 비집고 들여다본다

나무는 가만히 서서 가는
갈림길에서
어느 길이 참인지
햇살에게 묻는다

은행잎

마냥 놀자던 햇살
잎사귀에 자지러지던 그 웃음
어느새, 샛노랗게 베어난 서글픔

살갑던 열매
손 흔들며 떠날 때는
못 본채 고개 돌리더니
막상 자기 갈 차례는
저렇게 망설이나

왔으면 한번은 가야 할
당연한 그 길
나도 갈 때 저러려나
아스라이 떨어질 순간이 두려워
손 내미는 갈바람에
바들바들 떨고 있네

코골이

하루의 삶이가
얼마나 버거웠으면
자면서도
맷돌 가는 소리에
풀무질을

그 소리 줄기차게
덮쳐오더니
한 순간 그치고
겁이 덜컥 나도록
고요한 정적

숨이 멎었는가 싶을 때
몰아서 터지는 화산같이
구들장 덜덜거리고
처마 밑 풍채 들썩거린 듯
밤 깊은 잠이 하얗다

라면스프

그대 마음 텁텁하거나
맹숭 거려
뭔가 채우고 싶다면
내 손 잡아주오
올 듯 말 듯 망설이는
세상사는 맛 잡아오리다

그대 가슴 허전하고
누군가 그리워지면
서슴없이
나에게 손짓 해봐요
단비처럼 흡족하게 채워드리리

심성이야 변함없으나
남 앞에 나서지 못하는
겉모습
내가 먼저 손 내밀 수 없잖아요

언제든지 부르신다면
마른땅 진땅 가리지 않고
이 한 몸 뜨거워서 녹아내려도
그대 입맛 아낌없이 채우리

낙서

누가 누구를 흠모한
간절한 그 마음
감당하기 버겁기로
입 밖으로 낼 하찮은 일인가

가슴 벅차
주체할 수 없어도 그렇지
산책길 늘어선 대나무
명산 절경 바위
고색 찬란한 문화재 벽면
소공원 정자 기둥의 흠집들

절절 끓어 용솟음쳐
외치고 싶고
자랑하고 싶을수록
가슴 깊숙이 고이 간직 해야지

대나무

대밭집 호랭이할매 눈길 피해
고양이걸음으로 들어간 대밭
댓잎에 노는 바람에도 귀 세웠지

고르고 골라
길고 곧은 대 베어
댓가지 치고 나면
항상 뒤틀리고 굽었던 대나무

모닥불에 말랑말랑 구워
곧게 펴 재와 진 닦고
짱돌 달아 감나무에 매달아

낭창거리는 대 끝
가는 마디마다 무명실 엮은
마음에 쏙 들던 낚싯대
바라만 봐도
큰엉굼턱* 볼락은 전부 내 것

*큰엉굼턱; 사량도의 지명

한라산

산세를 보라
동서로 뻗친 능선은
해마다 날뛰는 태풍의 길목 지키는
인자한 아버지의 엎드린 굽은 등짝
꽃이 피고지고 대대손손 이어져도
허리 펴지 않을 저 기상

넉넉한 산자락은
오름으로 수놓은 열두 폭 치마
물허벅* 들이 붓 듯 비 쏟아져도
군말 없이 받아주는
어머니의 어진 마음이요

씨줄 날줄로 뻗은 길 따라
치맛단에 걸린 푸른 바다
이제 곧 만나려나 다다르면
또 다시 저만치 물러서서 손짓할 때
슬며시 감싸 잡는 치마품
언제 또 오겠소

모처럼 마음먹고 바다 건넜으니
늘짝늘짝* 돌아보고 놀멍놀멍* 가란다

*물허벅; 물 항아리 의 제주 방언.
*늘짝늘짝; 느긋이 의 제주 방언.
*놀멍놀멍; 쉬엄쉬엄 의 제주 방언.

그리운 풍경

풍족하지 못하면 어때
들 일 마치고
깻단 실은 리어카에 앉힌
아이의 쉴 새 없는 재잘거림
아내는 밀고 나는 끌며
집으로 가는 황토길

달디 단 아이 응석
고단함도 잊은 아내의
꾸밈없는 웃음과
눈가에 어린 정감
연신 뒤돌아보다 다다른 집

서산 넘어가는 해
붉은 향기 베인
둥근 탁자 위
따끈한 커피 한 잔
가슴으로 받쳐 들고
흔들의자 끄떡끄떡

빠알간 눈동자 마주보며
노곤한 세상을 마시고 싶다

낚시의 정석定石

봄기운 만연하던 그날
붕어 찾아 주남지 논둑
아침나절 한바탕 용왕님과 실랑이하고
나른한 낚싯대 따라 눈꺼풀 감길 적
문득, 붕어도 모성애 있을까
어신찌 뺀 지렁이채비
수초사이 산란자리
들었다 놓았다 반복할 때
어이없다는 친구 표정 비웃듯
손바닥보다 큰 붕어가 한순간
우두둑 당기는 당찬 손맛은
신짝볼락* 입질은 저리 가라였지

친구와 번개늪 갔을 때는
지루한 수면 햇살만 반짝여
방축끝자락에 라면 먹는 소리
바로 저거야, 붕어도 입맛다실거야
작은 돌멩이 한줌 주워
별 짓 다한다는 친구 빈정거림 사이로

포식음*인양 발밑에 한두 개씩
손에 쥔 돌멩이 던져 없어질 무렵
거짓말처럼 붕어식욕 되살아났듯이
자고로 낚시엔 정답 없으니
케케묵은 껍질 깨고 새 장갑 끼면
두고두고 꺼내볼 추억 하나는 건지겠지

*신짝볼락; 신발만큼 큰 볼락.
*포식음; 먹이 먹을 때 나는 소리.

수양버들

하루의 무게에
늘어진 버들가지
거꾸로 매달려
바람에 일렁인다

바람아
부질없이
버들가지 흔들지 마라

부러지지 않으려
휘청거릴지언정
오르고 말겠다는
곧은 뜻까지 굽힐 수 있나

밤낮 흔들어
가지 끝은 땅을 향할지라도
올곧은 줄기는 하늘로 자란다

어쩌면

내 것처럼 과실 따 먹는 동물이
과실나무 주인이라면
보란 듯 과육 내어주는 대신
씨앗 퍼뜨리는 나무도 주인이요

생명 같은 밀가루 얻기 위해
정성껏 밀을 재배하는
인간이 밀의 주인이라면

인간의 입맛 길들인 밀알이
인간들로 하여금
자손의 영원한 번창을 이룬 밀도
인간의 주인인 것처럼
돌아보면 모두가 똑같은 주인

빨래터의 변천

작은세미*는 동네아낙들 빨래터이자 사랑방이었다 서답통* 풀어놓고 옷가지 빨면서 마음속 크고 작은 응어리를 수다로 풀어냈다 누런 사분* 팍팍 치댄 빨랫감에 빨랫방메이* 퍽퍽 내리치며 고달픈 세상 신세타령했다 두루메이* 같은 흰 광목천*이 얼룩지면 양잿물 넣고 삶아서 빨래했다 천의 질감을 살리기 위해 밀가리*로 끓인 풀 먹여 담부랑*이나 빨랫줄에 널었다 적당히 마르면 다디미돌*에 올려 다디미방메이*로 두드렸다 옷을 다릴 때는 요즘 프라이팬 같은 데리미*에 불융거리* 담아 다렸다 치메* 같은 큰 옷은 위쪽을 한 사람이 잡아주고 아랫쪽 잡은 사람이 데리미질 했다 잡아주는 역할은 내가 도맡았다 옷감이 너무 건조하면 물사발* 곁에 놓고 입에 물 머금어 품어 뿌려가며 다렸다 저고리나 적삼*과 두루메이 같은 옷은 동전*을 달았다 화닥*에 달군 윤디*로 동전의 바늘땀* 부근을 다리고 나면 입는 일만 남는다 프라이팬 같은 데리미가 양복데리미*로 바뀌더니 이젠 갖가지 기능 갖춘 전기다리미로 변한 세상이다 사분이 아니라 갖가지 가루비누 물비누에 섬유 유연제까지 빨래하기

거저먹기다 두꺼운 얼음 깨고 맨손으로 빨래하던 시절은 옛말이고 짤순이* 잠깐 왔다간 후 세탁기가 대신 빨래하는 세상에 살고 있다 물과 세제를 스스로조절하며 탈수는 물론 끝났다고 말까지하는 신통방통한 시대에 산다 불과 반세기 조금 지났는데 옛날생각하면 이리 편하게 살아도 되는 건지 모르겠다 이것도 시절을 잘 타고난 복이겠지

*작은 세미; 작은 우물. *서답통; 빨래통. *사분; 빨랫비누.
*빨랫방메이; 빨랫방망이. *두루메이; 두루마기.
*광목천; 목화 실로 짠 천. *밀가리; 밀가루. *담부랑; 돌담장.
*다디미돌; 다듬잇돌. *다디미방메이; 다듬이방망이. *데리미; 다리미.
*불융거리; 벌겋게 타는 숯덩이. *치메; 치마. *물사발; 물그릇.
*적삼; 상의. *동전; 옷의 목덜미 쪽 소품. *화닥; 화롯불.
*윤디; 인두. *바늘땀; 바느질 흔적. *양복데리미; 양복용 다리미.
*짤순이; 빨래 짜는 가전제품.

밀가루포대

춥고 배고픈 시절 봄이면 연례행사처럼 치르던 보릿고개* 당연한 것으로 여긴 때도 있었다 하루 한 끼 보리밥이라도 묵으면* 다행이었다 심한 집은 밥솥에 앉힐 양석* 조차 없어 간혹 물만 붓고 헛불지피는 집도 있었다 자석* 가진 부모로써 얼마나 가슴 아픈 일이었던가 섬이라 돈 벌 곳이라곤 잡던 못 잡던 어업밖에 없으며 양석을 꾸어오거나 빌어*오고 칡이나 풀뿌리로 연명했다 어쨌든 보리태작*을 해야만 보릿고개 넘길 수 있었다 정부의 경제개발 5개년계획의 일환으로 옆 동네인 고올개마을 저수지공사 시작했다 노임삯으로 장골 남자는 하루 밀가리* 한 포 여자는 3일에 한 포 주었다 아부지*는 남의 배 선장이라 저수지공사 참여 못했다 보잘것없는 반찬거리 괴이* 몇 마리를 이웃의 정을 얹은 밀가리와 바꿔먹었다 그 밀가리 한 포로 우리집의 경우 열흘 치 양석 충분했다 밀가리포대 겉면엔 서로 다른 두 손이 맞잡고 있었다 저수지공사 끝난 뒤에 고올개마을 갯막이공사*까지 이어져 밀가리가 흔했다 그런 공사를 시점으로 배고픈 보릿고개 영원히 사라졌다 지금은 넘쳐나는 먹거리와 입지 않는 옷들이 옷장에 쌓이는 풍요로운 세상이다 모두들 스스로 잘나고 잘 배워 잘 산다고 여길지 모르겠다 그 뒤안길엔 일제침탈기를 거쳐 6.25침략 전쟁 겪으며 가난 벗어나고자 이를 악물고 몸부림 친 세대가 분명 있었다 한 시대를 자식들 위해 거칠게 살았던 부모세대에 머리 숙여 인사드린다 부모님들 참으로 감사합니다

*보릿고개; 양식이 떨어지는 시기.
*묵으면; 먹으면. *양석; 양식.
*빌어; 얻어. *자석; 자식. *보리태작; 보리타작.
*밀가리; 밀가루. *아부지; 아버지. *괴이; 생선.
*갯막이공사; 바다를 막아 매립하는 공사.

3부

도로 아미타불

창가에서

또 하루 죽이고 산 만큼
이미 죽었으니
새 날이 반갑기로 말할 수 없지만
두 번 다시 만날 수 없는
오늘을 무엇으로 죽일 것인지

열어젖힌 커튼 너머
키 큰 소나무숲 틈사이
빠끔히 엿보다 말다하더니

어쩔 수 없이 살았고
속고 살 지언즉
오늘 역시 살 만 할 거라며
눈부신 웃음으로
얼굴 쑤욱 내미는 찬란한 햇빛

김장하던 날

오로지 감성돔 낚시 위해
한 달을 기다렸건만
물때마저 그저 그만인
다시 못 올 황금 같은 이런 날
하필 김장이라니

차디찬 칼바람의 콧소리 잦아들고
수은주도 슬며시 올라간 날
가슴에 불 지르는
김장 날 잘 잡았다는 말 들을 땐
웃어도 웃는 것이 아니었다

어른의 령은 거역 할 수 없고
명경* 같은 바다 노을자락 끌며
부너등먼당* 무심히 넘어가는
야속한 해 바라 볼 뿐
낚싯바늘에 꿰지 못한 아쉬움만 치밀어

포근히 안아줘도 모자랄
태풍 이겨낸 기특한 배추에게
시뻘건 양념 원망스레 치대던 날

*명경; 거울.
*부너등먼당; 사량도의 산봉우리.

가마솥의 비애

무쇠 솥이라도
밥 짓는 작은 솥은 큰정지*에서
조왕신으로 치성 받고
명색이 가마솥인데 작은정지에 앉아
소죽 끓이고 장콩 삶던
그때가 그래도 봄날이었던가

전기로 밥하는 이 세상
맹물 채우고 군불 지필 뿐
부작대기* 눈치 보며 헛물켜던 시절도
물때 앉고 녹슬어 한물 간 가마솥

걸리적거린다며
소죽 퍼내듯이 후벼 파는
자리바치* 잔소리에 복받치는 서러움
들숨날숨 따라
들이치고 내치는 매운 연기 탓이라며
부뚜막 적시는 서글픈 눈물줄기

*큰정지; 큰 부엌.

*부작대기; 부지깽이.

*자리바치; 나무로 만든 자루 달린 바가지.

함박꽃

안개비에 함초롬 피어
뻐꾸기소리에 활짝 웃던 꽃

논 거름 풀 벨 때는 낫 끝에 다칠세라
나락 베어 옮길 때도 발끝 살폈는데

향기 미약해도
바람결에 나풀대던 순결한 꽃잎

너 떠난 지 아득한데
안개비만 내리면 가슴 속 움터
앞산 논 뒷두름*에 피어나는 함박꽃

*뒷두름; 뒤쪽 논두렁.

엔젤호의 뒤안길

유성처럼 나타나 청춘 불사르며
한 시절 누비던
바다를 코앞에 두고
발등이라도 적시고 싶어
밤낮없이 바라보는 엔젤호

한려수도 바닷길에 두 팔 뻗어
곧추세운 뱃머리 바람 가르며
날듯이 달릴 때는
갈매기도 울고 갈 한 폭의 그림
고속도로 뒤안길 그늘에 가린
영광스런 그 시절을
옥녀봉 찾는 길손들
기억이나 할는지

사량도 갯마을에 발 묶여
하마나 그날 올까
하염없이 바라보다 지친 뱃머리
서성이는 갯바람만
무심히 가마봉을 넘는다

바람 속에서

앞산 뒷산 골짜기
누비는 바람이야 한결같지만
예전과 다른 코끝의 느낌

몇 채의 집과
몇몇 얼굴에 옛 모습 보이나
세월 먹고 자란
짙은 소나무 숲만큼 산은 높고
지겟다리 두드리며 놀던
앞산 먼당* 바위는 어디쯤인지

꿈 키우며 뛰놀던 그 시절의
아린 가슴속
두레박으로 물 긷던
그날의 향기 남았을까
찾아 온 큰새미*

우뚝 솟아 버티고 선
솜털 보송한 낯선 정자亭子 난간

기대앉은 텅 빈 하늘가엔
속절없이 스치는 세월의 바람결만

*먼당; 산꼭대기.
*큰새미; 큰 우물.

낚시꾼

포식음과 모성애로
한낮 입 닫고 돌아앉은 붕어 낚고
문어가 제아무리 달라붙어도
한 번만 깨물면 맥도 못 추니
이만하면 당당한 낚시꾼 아니겠는가

물방개가 보면 소스라칠 오동나무패
꿩털이나 닭털패 춤사위로
볼락 눈 번쩍 뜨게 현혹시킨
어릴 적 재치와 솜씨 여전하니

까짓것 이왕 낚는 김에
대어는 아닐지라도 쓸 만한
시 한 편 못 낚으랴

볼펜 끝에 미끼 끼워
추억의 갈피 한 장씩 넘기니
머릿속 맴도는 흐릿한 기억들

머리 꼬리 지느러미에
비늘 하나까지 색칠한
옹골진 시 한 편 뜰채에 담으려니
물때를 잘 못 택했나
동짓달 긴 밤이 하얗다

기울어진 들판

소금기 하나 없다면
살지 못할 것이고
한 움큼씩 먹는다면
소태*같은 맛에 혀 오그라들듯
재물은 없어도 탈이지만
담을 그릇보다 넘쳐도 탈

거름기 없어도 문제고
과하게 뿌려도 일 년 농사 망치듯
자기자식 뿐인 냥 오냐오냐 키워
받을 줄만 알았지 줄 줄도 모르는데

일일이 땀 흘리지 않아도
만지작거리는 문자판만 두드리면
원하는 것
펑펑 쏟아지는 희한한 세상

제 잘난 줄만 아는 저 여린 풀
낯선 벌판 거센 바람 몰아칠 땐

사람끼리 사는 것이 세상살이
서로 부대끼고 의지하며 살 수 있을까

*소태; 소태나무(쓴맛).

이젠 벗자

꽃 보면 설레고
봄비 오면
좋은 일 있을 것만 같으니
아직도 살아있네

철 들 때부터
거친 풍파에도
사람답게 살리라
앞만 보고 마음 다잡았던 세월

눈길 가는 대로 보고
들리는 대로 듣고
마음 가는 대로 하고 싶어도
이것은 되고 저건 안 된다며
갖가지 색실로 동여 맨
온 몸 짓누르는 낡은 벙거지

그 정이 산처럼 쌓여도
훌훌 벗어던지고

훗날 저승 문턱 넘을 때
미련 없이 잘 놀았다
껄껄 웃어야지

동반자

가던 길 두고
구경삼아 돌아 갈 수도
실수할 때도 있지
한 발만 벗어나면
되돌아가라며
한결같이 다그치는
매정한 내비* 목소리

이미 들어선 길인데
동반자라면서
손톱만큼의 인정人情도 없이
단호히 지적하는 야멸찬 그대

빠른 길 두고
단 한 가지 이유만 고집부리는
그대 미워서
이번만은 기필코
갈 때까지 가 보리라

*내비; 내비게이션.

언젠가는 그대도

바늘 찔러
피 한 방울 안 나올 것 같은
깐깐하고 매끄럽기로
대나무토막 같다던 내가

연속극 볼 때
애잔한 이야기나 노래들을 때
눈가에 맺히는 이슬

누가 볼까 마음 다잡아도
주책없이 터진 물꼬
가다지지* 않는 건
나무 할 때 지게 걸터앉아
다질 대로 다진 그 맹세
세월의 소금물
드는 줄도 모르게 물든 서글픔

*가다지지; 멈추지

가고잡이

새벽 향기 맡으며
널찍한 고속도로 달리고 싶어서
한동안 못 본 그 갯바위
별일 없었는지 보고 싶어서
작년에 살던 감성돔
아직 사는지 알고 싶어서
무언가 부족한 코펠밥
고슬고슬 구수하게 짓고 싶어서
짓눌린 세상살이
고달픈 갈매기 날갯짓에 날리고 싶어서
가슴 열어젖힌 갯바위서
섬처럼 떠 가는 화물선
반짝이며 밤하늘 오가는 비행기
소리도*는 물론
하늘과 별 구름과 바다마저
내 것이라 목청껏 소리친들
누구 하나 나서는 이 없었지만
몰래 명패 박았나 확인 하고 싶어서

*소리도; 섬 이름

엉성한 계획

말만 걸어와도
실없이 사생활 쫑알쫑알
물어보지 않아도 바보처럼
속마음 주절주절 펼쳐 놓는 건
나를 내어주고 그대 받아들여
섣부른 판단으로
실망하지 말자는 서로의 흥정

파란색이면 어떻고
까만색이면 어떠랴
바탕색 그대로만 볼 수 있다면
악연보다 우연
우연보다 필연이길

남이 내말 하는 것 듣기 싫고
남의 말 하는 건 더욱 싫으니
이럴 수 밖에

위험한 외출

양성평등 부르짖던
당당한 여성 상위시대
하의실종 활보에
상의上衣시대 더한 얄궂은 세상

세상살이 끝물이면 모를까
명색이 사내라면
허연 허벅다리 못 본 척 할 뿐
보라고 내 놓은 걸 어찌 안 보겠나

비좁은 지하철 앉아있는 코 앞
부끄럼도 없는 당당한 맨살
민망한건 내 차지
따끔한 한마디 하고 싶지만
이 꼴 저 꼴 안 보려 눈 감을 수 밖에

콧대 높은 허벅지에
찌푸려진 내 눈살
허벅지 기분만 존중하는 절름발이 세상

자칫하면 구정물 뒤집어쓰는
기운잣대 바로잡을
양의兩衣 평등은 어디에

씁쓸한 현실

만들지 말든지
팔지나 말지
이제 와서 온통 금연구역

창문 없는 좁은 방
직접 키워 자르고 말린
생담배부터 풍년초까지
필터 없는 담뱃대 내뿜던 뽀얀 연기
갓난쟁이 때부터 들이마신 나는
바보상자* 말 대로면 골백번 죽었고
삼십년 넘게 하루 한 갑 피웠으나
아직도 멀쩡하니 믿을 수 없네

세상살이 돌부리에 차이면
누구는 술기운으로 버티지만
못 먹는 술에 답답한 가슴
날려버릴 담배연기 한 모금도
눈치 보는 세상

술 먹고 사고 치면 정상참작
흉측한 사진까지 끼워 판 담배는
피기만 해도 대역죄인 취급
자유 질펀한 이 땅
흡연식당 금연식당 자율에 맡기지
야박한 인심은 싹쓸이 금연식당

*바보상자; 텔레비전.

찻집에서

우연히 들른 쑥 향 은은한 찻집
찻잔 잡은 손끝에 퍼진 온기
지친 몸 녹이고
코 끝 휘감는 한 줄기 차 향
어깨처진 내 가슴 토닥일 때

마주앉은 눈빛마다
주고받는 속삭임
비운 찻잔 도란도란 채우고
간간히 내 귀를 두드려

예전에 닫았던 낡은 문고리
다시 당겨나 볼까
곱씹어도 정하지 못하는 마음인데
눈치 없는 겨울 햇살만
턱 괴인 탁자에서 잘도 재잘거린다

살다보니

어린 시절 삼천포 부둣가
제빙공장에서 가져 온
먹다 남은 얼음덩이
삼복더위 해거름 박바가지에 담아
열기 품은 장독대 올려두고
아침 기다리며 잠들던
유리 같은 어리석음이

돌부리에 차이고
나뭇가지에 긁히며
험한 산길 오르내리다보니
새소리 바람소리도 의심스럽고
나뭇잎에 반짝이는 햇살도
유심히 살펴보는 것은
찌들어 병든 마음 탓인지
썩은 낙엽냄새 향기처럼 풍기는
산길 탓인지

항해

비바람 막아주고
제멋대로 굴어도 감싸주던
부모라는 항구를 떠나
어느새 멀리도 왔네

때로는 높은 풍랑
암초에 걸려도
해와 달이 뜨는 수평선 향해
쉼 없이 달려온 바다

목적지가 어딘지 모를
짙은 안개 속엔
파도소리에 귀 열고
별빛을 등대삼아
가고 또 가지만
넘어야 할 파도는 몇 해리일까

남은 여정
찰박찰박 뱃전 부딪히는

파도소리에 갈매기 벗 삼아
돛대 가득 순풍이었으면

보리흉년

쪼깬하던* 시절, 삐떼기* 죽으로 끼니 때우다 그것마저 떨어지면 비릉틈* 물곳* 파서 삶아 하룻동안 우려 독기를 뺐다 껍질 벗겨 죽 끓여 먹으며 어렵게 넘기는 보릿고개 끝나는가 싶었다 일찍 온 장마에 다 익은 보리 베지도 못하고 썩거나 싹이 났다 설령 베었다 쳐도 타작을 못해 보리볏가리*채 썩거나 곰팽이* 핀 볏가리 들시면* 김이 툭 터지고 냄새 진동했다 바라보는 마음까지 썩어 들어갔다 먹고 살아야기에 보리이삭 잘라 구들막*에 말려 도구통*에 찧은 썩은 보리쌀은 색깔부터 붉어스름했다 밥맛은 모래알 같았다 찰기라곤 하나도 없고 밋밋한 게 입안에서 맴돌아 삼키기도 싫었다 그런 썩은 보리밥 드실 수밖에 없는 할바시*께서 병이 나셨고 그해 늦가을 돌아가셨다 임종 앞두고 조모님은 할바시께 '갈려면 나도 데리고 가소, 이녁*만 가면 나는 우짜라꼬' 라고 우시니 할바시께서 '3년만 참고 살아라 그라몬 데리고 갈게' 라고 말씀하셨다 평소 술을 입에 대지도 않던 분이 술을 찾으셨다 사촌형이 산 넘어 옆 동네 고올개마을에서 사이다를 사서 술이라고 드렸다 '그 술 참 맛나네' 하시

고는 그날 밤 돌아가셨다 조모님도 정말 3년 후 초가을 돌아 가셨다 그 보리흉년을 시작으로 집안은 기나긴 지독한 흉년에 접어들었다

*쪼깬하던; 어리던. *빼떼기; 썰어서 말린 고구마.
*비릉틈; 바위틈. *물곳; 뿌리가 마늘과 비슷한 구황식물.
*보리볏가리; 탈곡 못한 보리를 쌓아 둔 것. *곰팽이; 곰팡이.
*들시면; 들추면. *구들막; 윗목. *도구통; 절구통.
*할바시; 할아버지. *이녁; 할아버지 부르는 호칭.

도로 아미타불

해마다 보릿고개 건건히 넘기던 시절 입에 풀칠 할 식구는 늘어나고 택없이* 부족한 땅떼기로 묵고* 살기 막막했다 큰집과 우리집 생활비 벌기 위해 아부지*는 접배* 선장으로 돈벌이 가시고 큰아부지*는 두 집 농사를 맡아 지으셨다 고심 끝에 동생네 식구 위해 큰아부지와 사촌 형이 조상 산소 밑 너드랑* 옆 산비탈 작은 우리밭떼기 웃머리*를 개간하기로 했다 농사철 피해 겨울에만 개간 했다 경사도 높은 산비탈을 한 질 정도 까 내리고 돌뭉시* 골라내야했다 말이 산비탈이지 땅은 썩비릉*이고 고메* 몇 뿌리로 하루를 견뎠다 굵은 돌뭉시 뽑아내느라 쇠 지렛대 써야하고 곡괭이자리*와 괭이자리 뿌사* 묵는 것은 다반사였다 닳고 떨어져서 버린 싸리나무소쿠리와 두둑바지* 얼마였는지 모른다 철없던 나는 큰 밭이 생긴다고 좋아했으나 온 종일 해도 땅떼기 한 자 정도 넓히기도 어려웠다 때론 복령도 나오고 간혹 산마뿌리 삶아 먹기도 했다 3년에 걸쳐 개간한 땅이 20평 정도였지만 너드랑에는 돌무더기 언덕이 생겼다 땅이 척박해서 고메 심어도 잘 되지 않았고 개간한 땅 한쪽에 고메구덕*을 파서 짚 깔고 고메 묻어 두었다 서생원*은 깔고 앉아 오줌 싸며 묵었고 나는 바지게로 져다 묵었다 고메구덕 덮은 볏가리를 처음 들실* 때는 넉넉하고 뿌듯했는데 꺼낼수록 푹푹 줄어드는 것은 꼭 누가 훔쳐가는 것 같았다 큰아부지는 6.25때 보국대* 끌려가서 죽다가 살아난 다친 몸으로 동생 위해 엄동설한에 장갑도 없이 고생하며 개간했다 그 밭 지금 흔적도 없이 다시 울창한 산이 되었다 묵고 살기위한 노력과 애틋한 형제간의 정이 눈 뜨고 있어도 잊혀지는데 훗날 누군가 기억이나 할까 세월 참 무심하다

*택없이; 턱없이. *묵고; 먹고. *아부지; 아버지. *접배; 남의 배.
*큰아부지; 큰아버지. *너드랑; 돌이 깔린 너덜. *웃머리; 위쪽.
*돌뭉시; 돌덩이. *썩비릉; 바위처럼 단단한 흙. *고메; 고구마.
*곡괭이자리; 곡괭이자루. *뿌사; 부러뜨려. *두둑바지; 솜을 넣은 두꺼운 바지. *고메구덕; 고구마구덩이.*서생원; 쥐. *들실; 들추다.
*보국대; 전쟁물자 운송 및 참호 구축을 위해 동원된 민간인.

4부

용머리 가는 길

바다 3

– 물거품

바람 떠난
길 따라 저 하늘로
갈 길 바쁜 물거품

갯바위 부딪혀
통곡하는 파도가 애처로워
먼발치 줄지어
바라만 볼 뿐
바다 위에 해결책을
그렸다 지웠다 또 그려도
여전히 밥물 끓는 마음

살 붙이고 지낸 세월
한 두 해도 아닌데
날 새면 바위 얼굴 어찌 볼련지

차마 두고 갈 수 없어
빈 가슴만 동동 서성거린다

바다 1

– 파도

줄기차게 밀려와 부딪쳐
하얗게 오열하는 파도
사정없이 할퀴고
두들겨 패다가
다시 또 덮쳐
제 몸 산산이 부서트려
허공에 흩뿌려 뒤집어 씌워도
말 없는 갯바위

하루 이틀도 아니고
무슨 억장 무너지는
사연 있었기에
내가 너를 알 때부터 하던 원망
아직도 용서 못하는가
말 못하는 바위나
대책 없이 달려드는 너를
볼 때마다 아린 가슴
설마 내가 모르는
심심풀이 장난은 아니겠지

바다 24

– 가고 싶은 길

가 보리라
기어코 가 보리라
짐 내려놓고 발걸음 가벼워지면
아버지가 가셨던 길
나도 한번 가 보리라

아침 햇살 반짝이는 물결 위에
마음일랑 띄워놓고
내 한 몸 누일 통통배 타고
바람 불면 부는 대로
꼭 한번 가리라

하늘을 덮고 바다를 깔고
뱃선 때리는 물결소리에 잠들다
샛별의 마중 길 따라
북극성을 나침반삼아
갈매기 손짓하는 그곳으로
가슴 풀어놓고 보란 듯 가 보리라

바다 30
– 모자섬*

꽃밭등* 지키는 파수꾼이며
삼천포 가는 배는
너를 지나야 가는 줄 알고
오는 배는
허리춤 돌아 나와야
걱정 내려놓는 곳

굽이치는 물살 온몸으로 가누며
드나드는 길손 반갑게 맞아주는
외지마을의 디딤돌

느닷없이 모자섬이더라
허락받고 부르더냐
긴긴 세월 머구여라 부르며 살아온
조상들의 사연에 얽힌 삶은
어쩌자고 이름 바꿨는지 묻는데

대답하기 곤란한가
파도가 철벅철벅 등짝 두드려도

돌아앉은 갯바위
빠알간 등대만 우두커니 서 있네

*모자섬; 사량도에 속한 바위섬 이름.
*꽃밭등; 사량도의 산 이름.

바다 34

– 큰엉*

사촌형과 밤볼락 낚을 때
물속에 빠뜨린 후레쉬*에
할바시* 이야기 속 커다란 문어
다리 끌고 들어갈 것 같아
꼼짝없이 아침 기다리던 추억
알알이 새긴 내 가슴 멀쩡한데

터지고 찢겨진 살점
어느 동네 선창의
석축으로 썼는지 모르겠으나
지난날을 입 아프게 이야기한들
이름도 석산으로 바꾼
너의 모습보고 뉘라서 믿겠는가

벌거벗겨 깨어진 속살
흉터 남아도 상처는 아물겠지만
사라진 살점에 아로새긴
나의 어린 시절은
어느 동네 어느 선창에서 찾을꼬

*큰엉; 사량도 갯바위 지명.

*후레쉬; 손전등.

*할바시; 할아버지의 통영 방언.

바다 31

– 대섬*

있는 듯 없는 듯이
나막신 저어가며 건너다닌
주민들

바위틈 스며 나온 가늘디가는
물줄기로 연명하며
반나절꺼리 밭떼기 허기진 삶도
그런대로 살맛나던 섬

흘러가는 구름 가듯
너도 나도 떠나고
섬 꼭대기 밭 자리는
나무 없는 대머리 묵정밭

오고가는 물살 여전하니
언젠가 발길 다시 찾겠지
외로움 칭칭 감고 웅크린 대섬
노을이 참 붉다

*대섬; 사량도의 부속 섬.

낚시 58

– 밤비

토닥토닥
창을 두드리더니
가로등도 꺼진 부두
바람을 동무삼아 밤비가 온다

일렁이던 하루의
허물일랑 내려놓고
근심마저
깨끗이 쓸어버리라고

끊어질 듯 이어지는
차창을 쓸고 가는 빗줄기소리

마음 씻어주는
빗소리에 자고 나면
축축한 세상살이도 청명하겠지

낚시 61

– 등댓불

허기진 날갯죽지
고달픔 내려놓는 문지방
삭막한 밤바다
두루 살피는 눈빛이요

날밤 함께 지새는 벗이며
찌든 세월 걸러내는 얼기미*
서글픔 묶어둘 든든한 말뚝인데

묵직한 손맛 기대하며
낚싯줄 드리운 갯바위
퍼질러 꿈길만 헤매는 초릿대*
느닷없이 기별 올 것 같아
기다리다 지친 내 눈꺼풀 대신
한결같이 깜박이는 또 다른 눈

*얼기미; 곡식과 지푸라기를 가려내는 도구.

*초릿대; 낚싯대의 끝.

낚시 52

– 울고 선 소나무

몇 백 년 살다보니
이런 일도 겪었구나
굽고 싶어 굽었겠냐
금오도 직포에 태어나
사는 대로 살았을 뿐
바닷가로 기운 몸
절반이 잘리는 고통

찻길 가로막은 탓이요
뿌리 내린 탓
흐르는 눈물 군살 되어도
곧게 살았다면 이미
누구 집 대들보

늙고 굽은 허리 가누며
눈물 흘릴지언정
오가는 길손의 놀란 눈망울
험한 세월 이겨 낸 존재의 가치
서럽다 생각 마라
세상살이 죽을 만큼 힘들어도
하늘 향해 푸른 팔 뻗나니

낚시 98

– 케미라이트

허리가 뚝 소리 나도록
삐끗해야
새파랗게 빛나는 삶
차가운 바닷물에
집중해서 보겠노라 던져놓고
눈빛 수상스럽다

보일 때는
투덜거리면서
물속으로 사라지면 만면에 웃음
시킨 대로 떠있어야 할지
잠옥질*해야 할지

새벽아 오지 마라
네가 오면 가차 없이 버림받을 몸
바람에 부대끼고 파도에 밀려
이 악물고 허우적거릴지라도
깜깜할수록 살맛나는 일그러진 세상

*잠옥질; 잠수.

낚시 62

– 낚싯대의 눈물

다 빌려줘도 낚싯대는
빌려주지 않는다는 소신으로
틈날 때마다 씻고 닦고 말리며
아기 다루듯 어루만지던 주인장

감성돔 잡겠다고 쌍심지 켠
움켜쥔 손 거절 못하는데
덜컥 물어주면 몰라도
무는 순간
목숨 끝나는 줄 뻔히 알면서
물어라 물어라 할 수 없네

살아남기 위해
죽기 살기로 발부동치는 감성돔
절대 놓치지 않겠다며 입술 깨문
주인장과의 사투 가운데
누구 손 들어줄지 기로의 순간
허리 꺾일 듯 한 아픔에도

부들부들 떨며
그저 피이잉 피이잉 울 수밖에

세상사 어디 나 뿐이랴

낚시, 63

– 봄바람

장판 같은 물결에 졸고 있는 세쌍여*
한낮의 가름대 서편으로 기울 때부터
봄바람 기지개 켜드니
해 떠난 바다 위 활개치고 달린다

봄볕 군불지핀 육지 손짓에
혼자 가지
가만있는 물결의 소매 잡아끌어
왜 바다를 뒤집는가

울고불고 투정하는 파도의 아우성
세쌍여 덮치는데
어렵사리 왔건만
봄만 되면 도지는 고질병을 어쩌리
볼락 벼르던 낚싯대 달래며
총총한 별빛 아래 침낭 펼 수밖에

*세쌍여; 금오도에 속한 바위섬.

낚시 78

– 소리도* 등대 밑

휘영청 달빛에 샛바람만
쏘다니는 텅 빈 바다
등댓불 벗 삼아 드리운 낚싯대
대물 입질 기다릴 때
넌지시 눈짓하는 초릿대*
챔 질 하는 순간
사정없이 차고 달리는
무지막지한 기세

바다 가르며 비명 지르는 낚싯줄
끌려 들어갈려는 찰나
새로 산 낚싯대 뺏길 수는 없어
양다리 힘 불끈 주고
몸 젖히며 될 대로 되라 잡아당기니
탕, 하고 갯바위에 울려 퍼지는
낚싯줄 터지는 소리

아이고 살았다, 하마터면
갈기갈기 찢겨진 5호 카본낚싯줄

발 앞이 저승 문턱이라
잡은 고기 미련 없이 팽개치고
바위틈에 새우잠 청하는데
뭣이 그렇게 재밌는지
달빛은 환 하게 웃고 있었다

*소리도; 금오열도의 한 섬.
*초릿대; 낚싯대 끝.

낚시 5

– 세쌍여에서

물때와 바람이 길 막을 때마다
더욱 오고 싶던 곳
등대의 넓적다리 베고 하늘 보니
소곤거리는 별빛

아늑함에 취해
심중에 접어두고 꺼내지 못한 말까지
너에게 풀어놓는다

대답은 들어서 뭣하리
말만 들어줘도 다행이지
시커먼 *앙장구 가시 같은 내 심사
알기나 하듯 포근히 안아주는 너

모진 태풍이 휩쓸고 덮쳤어도
말 한마디 않는 네 속을
내 속에 비하겠냐 만은
그래도 올 때마다
등댓불까지 밝혀주니

이 밤 내려앉는 별빛
어머니가 덮어주시던 이불 같은 *세쌍여

*세쌍여; 금오열도의 작은 돌섬
*앙장구; 보라성게

낚시 90

– 징크스

상화도*의 갯바위
하선 도중 바다에 빠진 가방
먹거리가 소금물에 절어
허기졌던 밤

시치미 떼는 건지
골탕 먹이려 작심 한 건지
안면 싹 바꾼 갯바위
쿨러*도 허기져
면면한 낚싯대만 다그치다
문득 떠오른 그 인사말

많이 낚아 오라든지
나눠먹자던
누구나 할 수 있는 대수로운 인사
웃어도 웃는 것이 아니었는데

그냥 지나치면 어디 덧나나
실체는 볼 수 없으나 티를 내는

때려야 땔 수 없는
징크스의 손아귀
진정 벗어날 수는 없는가

*상화도; 여수시의 부속 섬.
*쿨러; 고기 담는 통.

낚시 99

– 밑줄*의 한숨

잘 낚일 때는
수고했다는 인사도 없이
제 잘 난 실력이고

안 낚일 때는
자기가 묶었으면서
몸뚱이 굵다고 빈정대며
놓치면 가차 없이
야위어 터졌다고
불평하는 뒤틀린 심사

묶어 달라 부탁이나 했던가
귀한 목숨
고스란히 바칠 자 누구더냐
살려고 발버둥치는
감성돔이야 당연하지

원줄 터지면 대물이라 터졌고
큰 고기 물어 버티다

힘이 다해 끊어져도 내 잘못
원줄 밑줄 차별하는
서글픈 갯바위 찬바람만 서성이네

*밑줄; 낚시채비 아래쪽 낚싯줄.

낚시 100

– 도래*의 운명

내리박고 치받는 용트림에
낚싯줄인들 온전하리
크릴미끼가 꼬고 감성돔이 비튼
배배꼬인 세상

누가 삼킬지 모르는 바다 속으로
내려가기 두려워
뱅글뱅글 도는 미끼를 봐서 라도
찬 물속 야속타 생각마라

한 입에 얼떨결
생사의 갈림길로 들어선 감성돔
무슨 짓인들 못하겠냐

누군가 중심에서 풀어야할 숙제
너 한 몸의 수고로 세상 편해진다면
도래로 태어난 이름값이라 여겨라

*도래; 낚시채비의 소품 중 하나.

낚시 105

– 갯바위서 길을 찾다

줄기차게 밀려와
산산이 부서지며
오열하는 파도
그런 파도 다독이는 갯바위

전신을 할퀴며 달려드는
비바람의 울부짖음
듣고도 못 들은 척
보고도 못 본 척
속 깊이 삭히는 그곳
갈 때마다 항상 서 있는 것은
천년의 믿음

쫓고 쫓기는 먹이사슬의 비정함도
지극히 당연한 것을
세상살이 별거 있나
낚던 못 낚던 그러려니 살라한다

낚시 102

– 볼락의 수난

잡어취급 하던 여수꾼들이
갯바위에 버릴 때는
주워오던 시절도 있었지만
볼락 맛에 반했을까

낚시하는 코앞에서 버젓이
닻 놓고 어깃장 부리는
선상낚시까지 한창이라
옛날 같지 않은 마릿수와 씨알

하루 살고 말 것처럼
젖볼락*까지
잡히는 족족 담는
낚시가 뭔지도 모르는 낚시꾼

어린것 살려줘야 낚시도 살지
소문난 장소는 씨를 말리니
잡아도 못 잡은 척

알아도 모른 척 할 수밖에
어둠 깔린 외삼섬*에 비가 내린다

*젓볼락; 어린 볼락.
*외삼섬; 금오도의 부속 섬.

낚시 70

– 용머리* 가는 길

길 없어 못 간다는 동네사람들 뒤로하고 금오도 용머리를 가보기로 했다 낚싯대 비스듬히 걸쳐 맨 어깨 뒤로 가방 걸머지고 면장갑 낀 한손엔 생수 한손엔 나무작대기 짚고 큰 맘 먹고 길 나섰다 아픈 다리 열 번도 넘게 쉬어가며 다다른 옛 집터엔 돌담만 고스란히 남아있었다 정성과 사연 서린 고즈넉한 돌담길 모퉁이 돌아서니 방풍밭은 여전히 어느 손길의 보살핌 받고 있었다 조심스레 가로질러 울타리 쪽으로 갔다 놀란 고라니가 뛰어올라 나도 얼빠지게 놀랐다 울타리 넘으려 길길이 날뛴 고라니는 그물 찢고 달아났다 한숨 내쉬며 고라니 나간 그물구멍으로 나오니 커다란 묵정밭이 눈앞에 펼쳐졌다 밭 일굴 때 곡괭이자루 수없이 부러졌을 묵정밭엔 억새풀 산이 되어있었다 비탈 내려가다 오랜만에 하수오* 만났다 반갑게 인사 나누고 내 키 넘는 땅두릅* 밀치며 내려간 묵정밭 끝엔 동백나무숲이 앞을 막았다 우여곡절 끝에 가슴 뻥 뚫리는 용머리 난생처음 도착했다 우뚝 솟은 등대 그늘에서 생수 마시며 바닷바람에 땀 식히고 루어 던졌다 농어는 물론 대물 감성돔 세 마리나 낚았다 내장

을 다 꺼내어도 중간 쌀포대 무게였다 아픈 다리로
멀고도 험한 비탈 어찌 올라가야할지 앞이 캄캄하던
용머리 다시 갈 날 있을까

*용머리; 금오도의 지형 이름.

*하수오; 한약제 이름. *땅두릅; 한약제 이름은 독활.

바람과 파도의 거실

초판1쇄 발행 2020년 5월 29일

지은이 박상진
펴낸이 이길안
펴낸곳 세종출판사

주소 48964 부산광역시 중구 흑교로 71번길 12 (보수동2가)
전화 051)463－5898, 253－2213~5
팩스 051)248－4880
전자우편 sjpl@chol.com
출판등록 제02-01-96

ISBN 979-11-5979-358-5 03810

정가 10,000원

이 도서의 국립중앙도서관 출판예정도서목록(CIP)은 서지정보유통지원시스템 홈페이지(http://seoji.nl.go.kr)와 국가자료공동목록시스템(http://www.nl.go.kr/kolisnet)에서 이용하실 수 있습니다. (CIP제어번호: CIP2020020922)